U0005186

機場總監告訴你
50 個飛機知識

關於機場基建、飛行、商務、
法規、營運的祕密

晨星出版

　　在瑞士日內瓦參加航空培訓課程期間，我遇到一位對航空事業擁有無比熱誠的老師。午休閒聊的時候，說到對航空業的感想，他雙眼閃閃發亮地看著我，說自己從中學畢業後就一直在航空業界打拚。他年輕時從機場洗手間打掃暑期工作開始，一步一步地學習知識，一天一天地累積經驗，走到現在當上了航空公司CEO。他還認真萬分地告訴我，當有一天自己要離開這個世界，那才會是他離開航空業的一天，他要在自己熱愛的航空業工作直至最後一天！

　　我不知道自己會在這個行業待多久，所以，趁還在這行裡打滾，我想透過這本書，向廣大讀者們分享一些我在這個行業學懂的有趣知識。本書收錄50個有關航空業的疑問及解答，都是我在入行前滿腦疑惑的問題，並在入行後與不同專業領域人士的合作過程中獲得了解答。希望讀者們會喜歡這本書，亦希望此書能夠啟發讀者們對航空業的興趣，從而投身這個行業，為未來帶來更多新血。航空業是社會進步及經濟繁榮的一個重要貢獻者，亦為世界各地人與人之間拉近了距離和情感，就讓我們帶著這本書一起起航吧！

CONTENTS

機場總監告訴你50個飛機知識

關於機場基建、飛行、商務、法規、營運的祕密

第1章

基建編

　　跑道的長度取決於多個因素，包括跑道所在的機場基準溫度、海拔高度、起降機型等。

　　機場基準溫度為一年內最熱月份的日最高溫度平均值。當溫度上升時，空氣膨脹四散令空氣密度降低。飛機起飛是靠空氣通過引擎產生推力使飛機前進，再由流經機翼的氣流產生升力。當空氣密度較低時，飛機引擎所能處理的氣流量下降，所以飛機需要以更快的速度滑行更長的距離方能起飛。

　　同樣道理，當跑道處於空氣稀薄的高海拔地區，由於空氣密度亦相對較低，飛機也需要使用更長的跑道。目前全球最長的民用機場跑道位於海拔4,334公尺的西藏昌都邦達機場，跑道長達5,500公尺。

　　另外，因不同機型有不同的起飛重量，起飛時所需的滑行距離亦有所不同。理論上，大型飛機如747比小型飛機需要更長的跑道起飛。

　　位於加勒比海薩巴島的胡安彻亞拉斯奎恩機場被視為擁有世界上其中一條最短的民用機場跑道。該跑道長只有400公尺，主要供承載十幾人的螺旋槳飛機起降。

圖1-1 各地機場因應其地理位置及所處理之航班型號而有不同的跑道長度。

　　在跑道的兩端你會看到用白色油漆寫上的兩組數字，這兩組數字是跑道的標示名稱，好讓機師能夠識別應使用哪一條跑道，及該從跑道哪一端起飛或降落。

　　數字是根據跑道所在的磁方位角命名的。比方說，跑道的磁方位角位於150度，那麼跑道的一端就稱之為「15跑道」。由於跑道是一條直線，兩端剛好相差180度，所以跑道的另一端就在150度加上180度，即等於330度並稱為「33跑道」。這樣機師就可以與空管人員溝通使用哪一條跑道的哪一端了。

　　大型機場擁有多條跑道，如果跑道是平行而建的，那麼他們的磁方位角也會是相同的。這時我們可以在數字後面加上L（Left，左）、C（Center，中）及R（Right，右）來識別。阿姆斯特丹史基浦機場一共擁有6條跑道，分別以「18R／36L」「18C／36C」「18L／36R」「04／22」「06／24」及「09／27」命名。

　　地球深處地核層的液態鐵與鎳因地心活動而不斷流動，使得地球的磁極亦隨著時間挪移，所以跑道上的數字命名並非一成不變。當磁方位角變動時，跑道兩端的數字將會重新漆上。

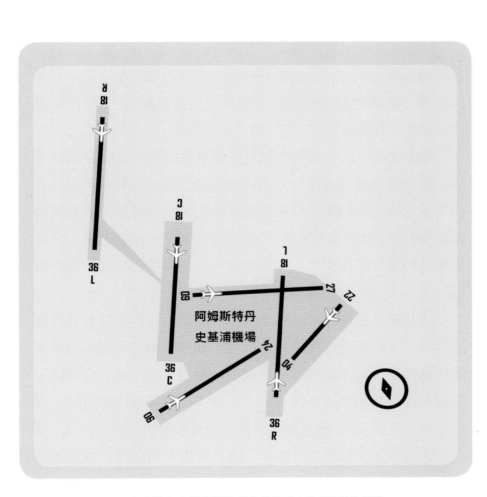

圖2-1 阿姆斯特丹史基浦機場6條跑道的磁方位角及數字標識。

③ 總有一條逆風的跑道

阿姆斯特丹史基浦機場一共擁有6條跑道，5條較長的跑道為國際航班使用，另一條較短的跑道為小型商務航機使用。問題來了，假設你是國際航班的機長或塔台控制員，5條跑道你會選用哪一條起降？

飛機喜歡逆風，逆風起飛可以提供更大的升力，逆風降落可以降低飛機著地速度，兩者均可減低飛機在起飛時因氣流升力不足或降落時因難以煞停飛機而衝出跑道的風險。史基浦機場的5條跑道依著當地不同的盛行風向舖設，無論北風、南風東風、西風，甚至東北風、西南風，你總會找到一條逆風的跑道。

以上原理對飛行安全是非常重要的，因為側風會對飛機起降造成一定的難度。在史基浦機場，當某一跑道範圍錄得側風風速達20節或以上時，飛機會被安排至另一條不同方向的跑道起降。即使側風風速在20節以下，機長在控制飛機降落時仍需使出特別技能 —「蟹形進場」或「側滑進場」。

使出「蟹形進場」招數時，機長將機首稍微轉向迎風面以防飛機被側風吹離跑道中線，像橫行的蟹一樣對準跑道中線下降，並在著地前一刻將機首轉正，以免起落架受損。而另一招「側滑進場」，則是透過控制副翼將飛機朝迎風面傾斜，壓低迎風面那邊的機翼，以抵消側風的推力影響。

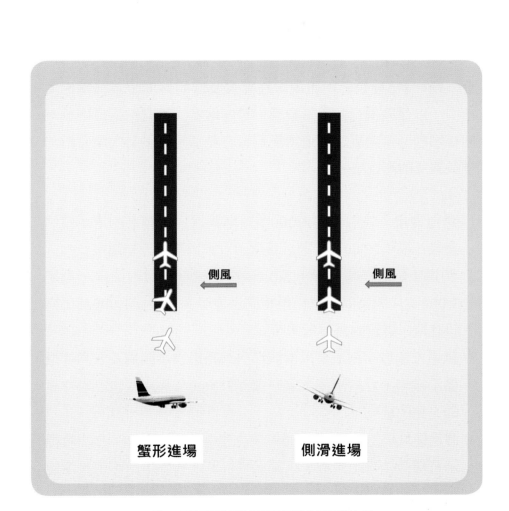

圖3-1 兩種抵消側風影響的飛機進場降落技巧。

　　本篇章取名為《5彩跑道燈》，乃因跑道燈主要由紅、白、藍、綠、黃5種色彩所組成，在黑夜及低能見度時為飛機提供指引，以保障滑行及起降安全。不同地區、不同跑道長度及不同級別的降落系統之跑道燈配置皆有差別，以下為大家介紹一種較普及的配置吧。

1. 跑道邊燈：左右兩邊每200英尺間距以白燈標示跑道兩側的邊緣，最尾2,000英尺則以黃燈示意跑道將接近末端。

2. 跑道中線燈：每50英尺間距以白燈標示跑道的中線，最尾3,000英尺開始以紅燈白燈相間做警示，而最尾1,000英尺則以紅燈示意跑道將接近末端。

3. 跑道末端燈：跑道首尾兩端以一列綠燈標示開端及一列紅燈標示末端，左右兩側各有一盞從35,000英尺高空也能看得見的光亮閃燈。

4. 著地區域燈：跑道首3,000英尺位於中線兩旁各30列之白燈標示飛機最佳著地區域，以確保飛機著地後餘下的跑道長度能足以煞停飛機。

5. 滑行道燈：飛機著地煞停後，會沿著黃綠相間的指示燈滑離跑道，為了避免混淆跑道及滑行道，滑行道以藍燈作為邊燈，並以綠燈作為中線燈。

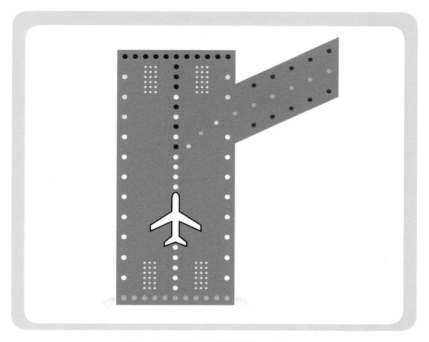

圖4-1 跑道燈及滑行道燈的示意圖。

圖4-2 跑道燈可分別朝兩個方向發出不同顏色以配合跑道兩端的起降轉換。

5 從雷達到ADS-B的監視系統

從二戰時期開始，雷達一直是航空業對飛機的主要監視系統。雷達RADAR的全稱為Radio Detection and Ranging，意即利用無線電進行對飛機的偵測和定距，原理跟回聲差不多。一次監察雷達向空間發射電波，當電波碰到飛機後再反射回雷達，就可以探測到飛機的方位；而二次監察雷達配合飛機上的應答器，則可接收飛機的高度和航班資訊。

雷達的覆蓋範圍為200多海浬，由於高山會阻隔部分電波，海洋及沙漠中心又未能安裝雷達，因此地球上有70％的地方是未被雷達覆蓋的。尤其是馬來西亞航班MH370失聯事件後，業界更加著重對飛機的監視情況，下面給大家介紹一下最新的ADS-B系統。

ADS-B的全稱為Automatic Dependent Surveillance - Broadcast（廣播式自動相關監察），安裝了ADS-B的飛機可自動廣播飛機的方位、高度、航班資訊等各種資料，透過66個衛星傳訊到地面管制機關。衛星能覆蓋到的地方均能近乎即時地監測到飛機的飛行情況，即使飛機飛到汪洋、沙漠、高山、極地等杳無設備的地方，飛機在衛星監視系統中依然無所遁形。有了ADS-B的幫助，航空交通管制員可以更即時及全面地掌握空中交通情況，這可使空中交通流量提升，亦可更精確地協助搜救行動。

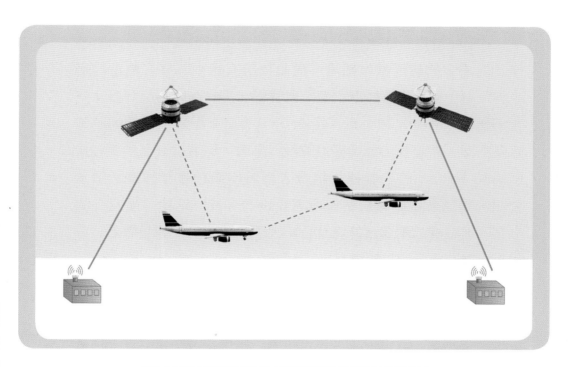

圖5-1 ADS-B透過衛星定位技術對飛機的航行軌跡進行監視。

6 航站樓該建多大？

　　航站樓設計領域中有一本天書，名為《機場發展參考手冊》，正好能夠解答本篇章的疑問。

　　要知道航站樓應建多大，首先要蒐集機場繁忙時段的數據及對未來的航班量做預測，從而找出高峰小時旅客數量的資料。為了避免過度設計引致浪費資源，高峰小時的設計概念並不是指參考全年當中旅客量最多的1小時來配置航站樓的設施及空間，而是找出標準繁忙時段作參考。比方說取全年旅客量第30多的1小時之數據，結合未來幾年或10幾年的航班量預測，作為斷定將來航站樓所需建設的容量。這樣考慮設計的話，航站樓的配置就能滿足全年大部分時間的旅客量需求，只有少數時段會產生擁擠感。

　　有了上述數據後，就要定立航站樓的目標服務水準了。一般設計均會採用最佳服務水準（Optimum Level of Service）作標準，讓旅客在值機、安檢、通關、候機、行李提取等過程享有合理的排隊等候時間及空間。比方說安檢的最佳排隊等候時間為5至10分鐘，每位旅客的最佳排隊等候空間為1.0至1.2平方公尺，那麼建築師就可以按這個標準加乘高峰小時的預測旅客量來設計航站樓安檢區域的面積及設施數量了。如果你想更豪華的話，你也可以把航站樓的設計訂得比最佳服務水準更高，讓旅客不用排隊及享有超級寬敞的空間呢！

蘇汪納蓬國際機場

曼谷主要機場
旅客量：每年 45,000,000 人次
航站樓面積：563,000 平方公尺
值機櫃台：360 個

吉隆坡國際機場 - 2 號航站樓

吉隆坡低成本航站樓
旅客量：每年 45,000,000 人次
航站樓面積：257,000 平方公尺
值機櫃台：128 個

圖6-1 同樣的旅客流量因應不同的服務定位來決定航站樓的建築面積。

（圖片來源：左Supavadee butradee/shutterstock.com，右Phuong D. Nguyen/shutterstock.com）

7 上億旅客的機場

　　2015年12月，位於美國喬治亞州的哈茨菲爾德-傑克遜亞特蘭大國際機場成為全球首個突破全年1億旅客人次的機場。該機場共有5條跑道，航站樓面積達6,800,000平方英尺，192個登機口每天服務著275,000位旅客及2,700個航班。作為達美航空的樞紐基地，亞特蘭大機場標榜其「2小時航程圈」能抵達美國80％人口的地方。亞特蘭大擁有10多間財富500強的公司（包括可口可樂公司及UPS包裹公司），使當地成為非常暢旺的商務旅行目的地。另外，有別於紐約或芝加哥存在2個或以上的競爭對手機場，亞特蘭大機場是區內唯一的大型機場，因此客源比較集中，造就了其成為全球首座破億人次的機場。

　　世界各大城市都在追趕著要建立上億旅客的機場，然而，大就是好的嗎？單一機場要持續擴充其實也有難度，當跑道數量及場道面積不斷增加，飛機起降時就要滑行更長的距離。附近的空域將變得擁擠，難以負荷更多的航班量。大量的登機閘口及行李托運亦使轉機過程變得更複雜費時，影響機場運作的效率。

　　想要另起爐灶亦不簡單，除了因為高昂的基建投資及近年備受矚目的環境問題外，航空公司的意見有時候亦舉足輕重。對某些航空公司來說，多一個機場等同多一點資源；但對另一些航空公司來說，就可能等同多一點競爭。因此，能成為上億旅客的機場，背後的條件和持份者的支持與否皆相當重要！

1 – ATL	哈茨菲爾德-傑克遜亞特蘭大國際機場	1.07億人次
2 – PEK	北京首都國際機場	1.00億人次
3 – DXB	杜拜國際機場	0.89億人次
4 – LAX	洛杉磯國際機場	0.87億人次
5 – HND	東京國際機場	0.87億人次

圖7-1 2018年全球最多旅客人次的5大機場。

8 排隊心理學

　　美國休士頓機場曾經接到很多旅客投訴，說下飛機後要在行李轉盤等很久才能取得行李。機場為了應對投訴，馬上加派人手處理行李提取，使平均等候時間降至8分鐘，然而投訴依然不斷。在經過現場考察後，機場決定將下機閘口搬離原位置，使得旅客要比以往多走6倍時間才能到達行李轉盤，並在到達時剛好可以取得行李。結果呢？投訴大減至幾乎等同沒有投訴。

　　從上述的例子看來，縱使整體提取行李的總時間相近，看似有目的性的走動比百無聊賴的等待似乎更為旅客心理上所接受，且比起「理性」地增派人手減低提取行李時間效果來得更好。

　　在機場遇到另一個排隊情景就是值機（登機報到手續）的時候，在每個值機櫃台前面排一行旅客的情況下，排在不同隊伍的旅客就會產生比較心理並心生煩躁，為什麼別的隊伍好像比我排的隊伍移動更快？

　　想解決這種比較的心理狀況，利用一些讓旅客感覺到公平性的措施是很重要的。採用單一蛇形隊伍再把旅客分派到第1個可用的值機櫃台的話，旅客可以感受到先排先到的公平感。另外，雖然排隊總人數不變，但由於單一蛇形隊伍移動得較快，旅客不斷向前行亦會令他們覺得整體排隊時間縮短了！

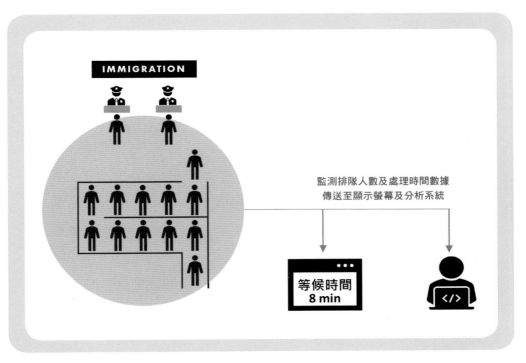

圖8-1 透過監測器可即時將排隊情況資訊發予旅客及機場工作人員。

9 碳中和機場

　　航空業的碳排放量占全球碳排放總量約2％，因應全球暖化問題，作為航空業一分子的機場近年致力引入各種減排措施，並以實現碳中和為目標。以現今的科技及成本狀況來說，機場運作要做到零排放幾乎可以說是不可能的。碳中和的意思是1年間的淨碳排放為0，即機場1年間產生的碳排放量等於其透過別的方式吸收或補償的量。

　　很複雜是吧？讓我們來看看一家已達到碳中和機場的例子。阿姆斯特丹史基浦機場連續多年獲得由國際機場協會頒發的「機場碳排放認可計畫——碳中和級別」，這是該計畫目前最高的級別。史基浦機場於2019年的平均旅客碳排放量為0.23kg，其所用之電力均來自風力發電廠，航站樓及停車場屋頂安裝了太陽能發電板，部分供暖的天然氣則使用綠色生物燃氣，整個機場廣泛地應用再生能源。其他減排設施包括使用電動客車、LED照明、熱能貯存系統、電力地面電源裝置、電動地面支援設備車等。

　　在採取了多項減排措施後，剩餘的碳排放量可透過「碳補償」來抵消。史基浦機場的「碳補償」方案包括投資印度的太陽能項目及為荷蘭的生物煤油及合成煤油廠提供研究資金。透過向減排事業做投資，以達到機場碳中和，並為減輕全球暖化出一分力。

類別 1 - 機場直接排放
- 地面支援車輛
- 機場廢棄物管理
- 機場廢水管理
- 機場發電設備

類別 2 - 間接能源供應排放
- 場外發電廠
- 場外供暖能源廠
- 場外供冷能源廠

類別 3 - 機場間接排放
- 飛機起降
- 往來機場交通
- 機場員工通勤
- 場外廢棄物及廢水管理

圖9-1 按《溫室氣體盤查議定書》將機場相關的溫室氣體排放分為3個類別。

10 海上機場的擔憂

　　由於機場建設涉及大片土地及飛機噪音問題，在城市中心興建機場變得愈來愈困難，世界各地漸漸趨向在城市離岸填海造地處興建機場，其中非常著名的海上機場就是由美國土木工程師協會選出的「20世紀10大傑出貢獻土木工程項目」之一的關西國際機場。雖然因為工程遠離鬧市而相對容易展開，然而，在落成並投入運作以後，關西國際機場因其填海而成的特性面臨種種技術及氣候的挑戰，其中不得不提到沉降問題及淹水問題。

　　填海倒入的砂堆積至一定容量後，其重量會擠壓下層的海床沖積黏土，隨著時間過去造成整塊填海地慢慢沉降。關西國際機場自1994年落成至2019年為止，平均沉降深度為3.56公尺。需注意的是不同位置可能會出現不均勻的沉降程度，因此，每隔數年工程人員需提高航站樓的部分支柱，使航站樓整體上維持在同一水平。

　　日積月累的沉降加上極端氣候變化，使關西國際機場面臨淹水的威脅。2018年9月，日本受超強颱風飛燕吹襲，掀起的巨浪淹沒了大部分機坪及跑道，嚴重影響機場的正常運作。為了因應未來的威脅，機場需築高海堤及加鋪瀝青升高跑道面，所費不貲！

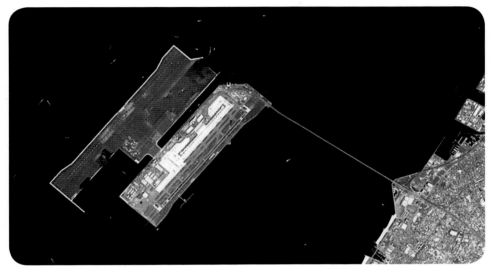

圖10-1 填海造地而成的關西國際機場由一條交通橋連接至關西市區。

（圖片來源：NASA Earth Observatory/en.wikipedia.org）

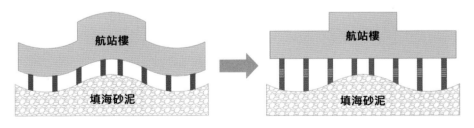

圖10-2 每隔數年工程人員會在沉降的位置放入鐵板頂起航站樓以解決不均勻沉降的問題。

第2章

飛行編

　　從美國西岸舊金山飛往東岸紐約大約5個半小時，為什麼回程由東向西飛卻要6個半小時，足足多飛行1小時呢？

　　地球受太陽照射時，由於赤道較南北極接近太陽，靠近赤道的熱空氣會向上升並向兩極較冷的方向流動，使赤道周邊氣壓下降。這些空氣流向極地時逐漸冷卻下沉並形成高氣壓，再向低氣壓的赤道方向流動，於是在地球不同緯度形成一團團的大氣環流。當地球向東自轉時，大氣環流團轉換層之間因溫差而產生的氣流在科氏力作用下一併向東移動，形成一束束由西向東行的高速氣流。

　　這些高速氣流位於數萬英尺高空上。厚數公里、寬數百公里的高速氣流風速可達每小時300多公里。飛機乘著高速氣流向東飛行，在自身航行速度加上高速氣流的助力下，飛行同一距離比逆流向西所需要的時間要短得多。

　　2020年2月，一架從紐約飛往倫敦的客機順著時速418km／h的高速氣流，加上飛機自身飛行速度，總速度一度達1,327km／h，以4小時56分鐘打破了該航段一般需要6小時30分鐘的航程紀錄。

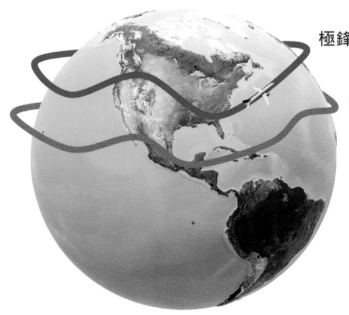

極鋒高速氣流

副熱帶高速氣流

圖11-1 乘著蜿蜒的高速氣流飛行可能比直線距離飛行更快到達目的地。

12 空中放油緊急降落

有時候你會從新聞報導看到，某航機在起飛後不久有乘客因身體不適急需治療，飛機需要在空中放油，緊急降落至最近機場後把該乘客送至醫院救治。或許你會對空中放油這個動作感到好奇吧？

大多數長途客機的最大起飛重量比其最大著陸重量要大得多。以波音B-777-200LR為例，其最大起飛重量約347,452公斤，比其最大著陸重量223,168公斤要多出12萬公斤。客機在飛行途中所消耗的燃油可使客機減輕重量，從而達到最大著陸重量的要求，避免因過重著陸而對飛機結構及跑道結構造成影響或破壞。

遇上緊急情況需要在起飛後不久降落時，機組人員與空管人員溝通在合適的地點及高度進行空中放油，使客機減輕至最大著陸重量的範圍內。油從機翼兩端的油缸閥門釋出後，分解為水氣及二氧化碳並在高空中消散。一些較小型的客機如果沒有放油裝置，則可透過空中盤旋來消耗燃油以減輕客機重量。

中國東方航空於一次由上海飛往紐約的航班上，為了及時將發病乘客送往醫院救治，機組人員執行放油程序，在空中放油30噸後緊急降落阿拉斯加安克雷奇機場，體現了「燃油誠可貴，生命價更高」的精神。

圖12-1 飛機放油時燃油在高空中瞬間分解並消散。

（圖片來源：hbpro/shutterstock.com）

圖12-2 A380分布在機翼和機尾的油箱可以存放320,000公升燃油。

13 看不見跑道的盲降

　　要能看清楚馬路方可安全駕駛這個道理我們明白。要是看不見跑道，機師還可以順利把飛機著陸嗎？這下子可真要靠「盲降」了！

　　所謂盲降，其實是依靠儀表降落系統在能見度低的情況下協助飛機著陸。在大霧、雲層低等看不見跑道的時候，跑道上的儀表降落系統天線陣會透過發出無線電訊號，生成一條由跑道指向空中的虛擬路徑。機師按照接收到的訊號調整飛行軌跡，較先進的飛機甚至可將接收到的訊號輸入自動駕駛系統，由自動駕駛系統控制飛機著陸。

　　儀表降落系統主要分3個等級：CAT I、CAT II及CAT III。配合合適強度的跑道燈光，愈高等級的系統可容許飛機飛行至愈低的決斷高度，即飛機沿著虛擬路徑下降至決斷高度前，如機組人員仍未能以目視參考方式看清跑道周邊環境以確保順利著陸，那麼飛機必須進行復飛。

　　隨著世界各地霧霾情況日趨嚴重，飛機因霧霾影響導致未能著陸並需返航至起飛地的個案屢見不鮮。為了以後能更準時到達目的地，除了靠科技協助盲降外，更重要是大家要愛惜地球、減少汙染。

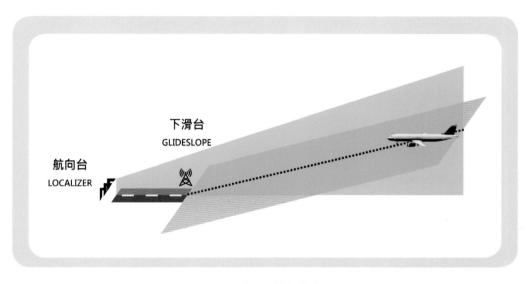

圖13-1 航向台及下滑台向飛機提供水平及垂直引導。

14 小小鳥兒大大破壞

　　能在天空翱翔的，除了飛機就想到鳥兒。飛機一般在數萬英尺高空飛行，而大部分鳥兒的飛行高度在數千英尺以下，因此，約90％的飛機鳥擊事故皆發生在機場附近範圍，即在飛機起飛或降落時。

　　一隻0.5公斤飛行中的鳥兒撞向一架全速飛行的飛機，可產生達20萬牛頓的碰撞力。這對機身構成一定程度的破壞，更遑論碰上一群候鳥！美國全美航空一架由紐約出發的航班就曾在起飛時遭到一群加拿大黑雁撞擊導致引擎失靈，需要於紐約哈德遜河進行水上迫降。

　　鳥擊事故不但對航空業造成每年逾10億美元的損失，更對乘客構成安全風險及對瀕危鳥類構成生命威脅，因此，機場有專門小組負責制定及執行預防鳥擊的措施，這些措施包括防止鳥兒以機場作為棲地（投放農藥以減少機場周邊鳥食、勤於修剪機場周邊草坪使鳥兒沒有藏身之地）及驅趕接近機場的鳥兒（發射有爆破聲響的驅鳥彈以嚇走鳥兒、播放猛獸叫聲或訓練機場獵犬使鳥兒不敢靠近）。

　　最後，機組人員亦可使用雷達監測附近鳥兒的飛行狀況，調整飛機路徑以避開鳥擊。所以說不只大象怕小老鼠，大飛機也怕小鳥。

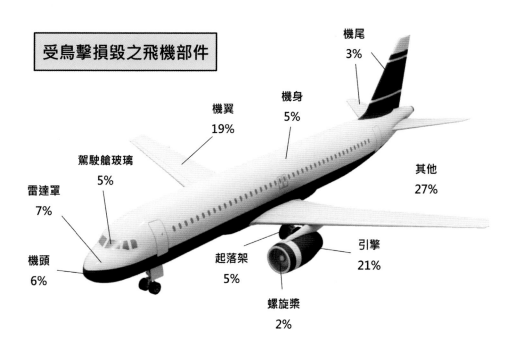

受鳥擊損毀之飛機部件

機尾
3%

機身
5%

機翼
19%

駕駛艙玻璃
5%

雷達罩
7%

其他
27%

機頭
6%

起落架
5%

引擎
21%

螺旋槳
2%

圖14-1 國際民航組織數據顯示,2008至2015年全球共錄得9萬多次鳥擊事件。

15 天打雷劈都不怕

飛機遭到雷擊是很普遍的事，統計顯示平均每架飛機每年就會遭到一次雷擊。如飛行航線經常通往雷雨密集的地區（如美國佛羅里達州部分地區每年平均就有100個雷雨天），那麼飛機遭到雷擊的機率則更高。

雷電普遍出現在5,000至15,000英尺高空，因此，飛機在起飛、降落及穿越雲層時較容易受到雷擊威脅。然而，現代飛機皆擁有防雷技術以保障飛機機件及人員安全，以下就讓我們來看看箇中的原理吧。

飛機的各個端部（如機頭、機翼端、引擎前端等）為最易受到雷擊的部位，雷電擊中飛機端部後，電流通過厚厚的飛機金屬外殼，導流至另一個端部（如機尾端）並將電流釋放到地面，因此，電流不會穿透機艙內部，使得機艙內部的機件及人員受到保護。即便新型飛機開始採用比金屬輕的纖維複合材料，為了達到防雷功能，機身會包覆一層金屬網膜以增強導電性能。

一道雷電的能量可高達100萬伏特，遭到雷擊及釋放電流的位置一般會出現燒焦、孔狀破損或部件脫落的情況。檢測員需小心檢查飛機是否存在結構上或系統上的破損，進行維修後方可讓飛機復飛。

雷電擊入

雷電釋放

圖15-1 雷電擊中飛機後，流經導電的機身表面至飛機的另一端，並釋放至空氣中。

16 空中巨無霸A380

　　說到空中巨無霸，最為人熟知的肯定是空中巴士A380。這架現今載客量最高的客機，重量超過500公噸，長度有如2條藍鯨，高度有如5隻長頸鹿。由4引擎驅動的雙層客艙在3個艙等的排列方式下（頭等艙–商務艙–經濟艙）可承載逾500名乘客，而在全經濟艙的排列方式下更可承載逾800名乘客。A380的寬敞空間容許航空公司在機艙內設置更多可提升乘客服務體驗的設施，如私人套房、淋浴間、酒吧等。

　　製造這件龐然大物亦不簡單，A380由多達400萬件構件組成，它的引擎、機翼、機身、機尾分別由英國、德國、法國、西班牙製造，這些組件經由空運、海運、陸運方式送抵法國圖盧茲廠房組裝，一架A380於2018年的售價高達4.45億美元。

　　A380目前最大的客戶為阿聯酋航空，然而阿聯酋航空因應業務發展逐漸轉向其他較小型的新型飛機。由於訂單量不足，空中巴士公司宣布這架備受乘客喜愛但未能獲得航空公司客戶支持的空中巨無霸將於2021年停產。未曾乘搭過A380的讀者，趕快在它退役前訂張機票，親身感受一下其寬敞、寧靜、豪華的飛行體驗！

圖16-1 空中巴士A380為全球目前唯一從機頭到機尾皆為雙層客艙的飛機。

（圖片來源：vaalaa/shutterstock.com）

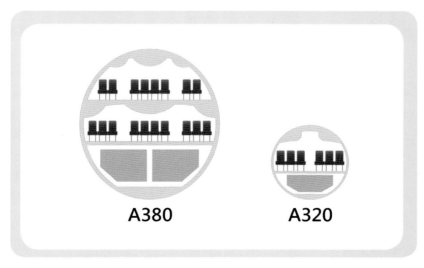

圖16-2 雙層雙走道的A380與單層單走道的A320機艙內部的對比。

17　機師在說什麼話？

　　機師在飛行期間不時需與航管人員以無線電對話，他們像是在說英語夾雜著當地語言，但為什麼一般人無法理解其中的對話內容？是在說什麼暗號嗎？

　　航空史上有不少意外是由於機師與航管人員之間溝通不良導致的，根據調查結果顯示，在1976至2000年間，航空溝通問題共造成超過1,100名乘客及機組人員失去寶貴的性命。為了減少溝通問題以提升航空安全，國際民航組織積極推動以英語作為國際航空無線電溝通語言。除此之外，機師與航管人員亦需通曉一些特別的航空術語。

　　英語中的數字5（five）和9（nine）在無線電中聽起來容易混淆，為了能更清晰地朗讀及更明確地理解，它們在無線電溝通中分別念作「fife」及「nin-er」。另外，因羅馬字母在各國的發音不盡相同，所以在無線電溝通中亦有其獨特的念法，如「A-B-C」會念作「alfa-bravo-charlie」，確保大家有共同又清晰易懂的語言。

　　另外，還有一些著名的航空術語如Roger（源自羅馬字母R表示收到），聽起來很可怕的Deadhead（表示機艙內不在值班的機組人員），及大家都不想聽到的Mayday（源自法語m'aider表示緊急求救）。

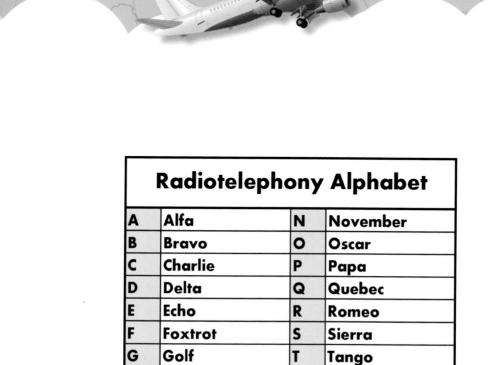

Radiotelephony Alphabet

A	Alfa	N	November
B	Bravo	O	Oscar
C	Charlie	P	Papa
D	Delta	Q	Quebec
E	Echo	R	Romeo
F	Foxtrot	S	Sierra
G	Golf	T	Tango
H	Hotel	U	Uniform
I	India	V	Victor
J	Juliett	W	Whiskey
K	Kilo	X	X-ray
L	Lima	Y	Yankee
M	Mike	Z	Zulu

圖17-1 國際民航組織列出26個羅馬字母在航空通訊中的念法。

顛簸亂流不再怕

　　很多害怕乘搭飛機的人都是被亂流嚇到，顛簸晃動的感覺使人擔憂飛機會否失控，而面對恐懼的最佳方法就是了解箇中的原理。

　　亂流的成因有很多，有因為高速氣流導致風速及風向改變的亂流、有因為山巒地勢起伏擾動空氣的亂流、也有因為熱空氣上升形成雨雲的亂流。

　　亂流可對飛機造成輕度（飛機輕微搖晃）、中度（飲料溢出杯子）、強度（乘客拋離座椅）或極度（飛機結構受損）的顛簸，使乘客驚慌不已。然而，現代客機出廠前均經過嚴格的測試，可抵禦比嚴重亂流更強的衝擊力，機翼更可承受接近90度的屈曲外力，因此，亂流大多不會對現代飛行構成嚴重的威脅。

　　美國聯邦航空管理局數據顯示，1980至2008年間，美國的航空公司共涉及3次因亂流致死的個案，主要原因是因為沒有緊扣安全帶而對身體造成致命撞擊。綜觀來說，雖然亂流可使飛機忽然急墮百英尺，但很少會對飛機造成嚴重的安全影響，只要時刻留意扣好安全帶的訊號，保持鎮定，就可以安心搭乘飛機了。

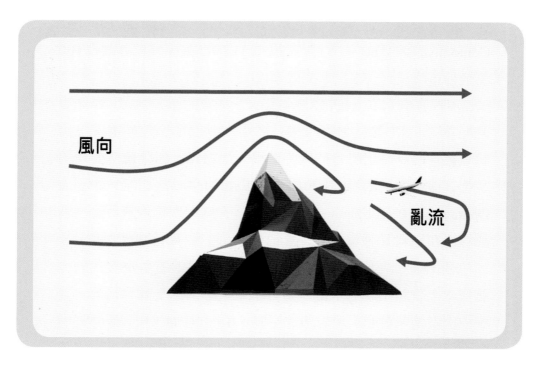

風向

亂流

圖18-1 風吹過高山時與山體表面磨擦後改變方向並產生亂流。

19 引擎故障怎麼辦？

　　引擎就像是飛機的心臟，給予飛機續航的動力。現代客機引擎的可靠度相當高，其中通用電氣公司（General Electric Company，簡稱GE）生產的GE90-115B型號引擎就錄得每100萬飛行小時只有一次引擎失效事件。

　　現代客機基本上配置2個引擎，一些寬體機如747及A380更是配置了4個引擎，使得飛機在其中一個引擎失效的情況下仍能飛行一段時間至附近的備降機場。比方說，如某航空公司的某架客機獲取了ETOPS-180認證（Extended-range Twin-engine Operational Performance Standards ——雙引擎延程飛行），則該客機在只剩單引擎運作的情況下仍可飛行180分鐘。

　　即便備有以上考量措施，意料之外的事情還是會發生的，航空史上就曾出現過飛機在飛行途中全部引擎失效的情況，其中一次就是著名的「金姆利滑翔機（Gimli Glider）」事件。

　　1983年7月，加拿大航空143號航班因錯把燃油單位「公升」當作「磅」，導致飛機比原定計算需求量少裝了一半油量，2個引擎在35,000英尺上空失去了動力。幸好機長擁有駕駛滑翔機經驗，在副機長的計算及提議下，以滑翔方式飛行了17分鐘後安全降落到金姆利附近的一個廢棄空軍基地，很是驚險！

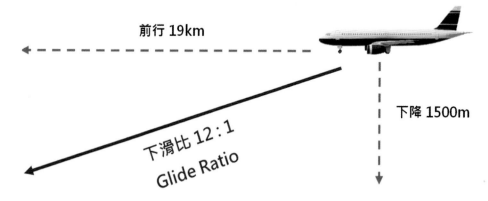

前行 19km

下降 1500m

下滑比 12：1
Glide Ratio

圖19-1 「金姆利滑翔機」在2個引擎失去動力後以12：1的下滑比飛行至安全著陸。

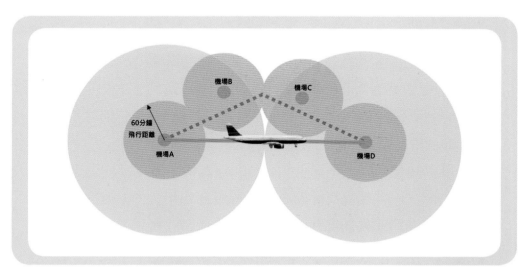

機場B

機場C

60分鐘
飛行距離

機場A

機場D

圖19-2 獲得ETOPS認證的客機可以以最短距離由機場A飛往機場D（無需將航道保持在備降機場60分鐘飛行距離內）。

20 飛機何時退役？

　　美國亞利桑那州的土桑沙漠是世界著名的飛機墓地，其乾燥氣候有助飛機「屍身」得以保存良好，日後伺機「借屍還魂」。那麼，飛機到底是何時被安置於墓地的呢？

　　眾所周知，地面與空中存在一定的氣壓差，飛機由地面爬升到空中，外部環境的氣壓就會愈來愈低，因此，機艙需要增壓讓乘客能夠正常呼吸。由於增壓過程中，空氣會經由機翼傳到機身，因此，這兩部分在每次飛行週期中都會受到增壓影響，久而久之導致金屬疲勞及產生裂縫，繼而對飛行安全構成影響。

　　飛機每次起降可視為一個飛行週期，短途飛機每天經歷的飛行週期比長途飛機多，因此，長途飛機的壽命一般較長。以較小的短途波音737及較大的長途波音747為例，737可執行100,000個飛行週期（約為125,000飛行小時），而747則可執行35,000個飛行週期（約為165,000飛行小時）。

　　過去30多年來，全球共約15,000架客機退役，平均退役年期為27年，一些保養良好的客機更可用上50年。一架退役飛機其實還有多達90％的部件可做循環再造或回收再用，有的企業甚至從飛機墓地買下退役飛機改裝成特色酒店及餐廳呢！

圖20-1 其中一個最大的沙漠墓地停泊著超過4000架退役飛機。

（圖片來源：Tim Roberts Photography/shutterstock.com）

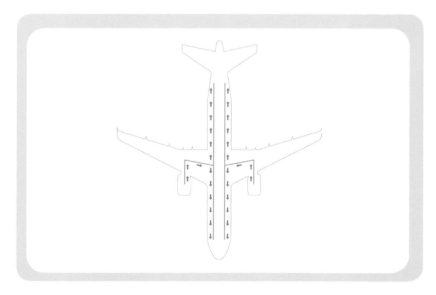

圖20-2 增壓過程中，空氣從引擎進入機翼後再進入機艙。

第3章

商務編

21 航空聯盟

　　所謂航空聯盟，即由若干間航空公司組成的一個互惠互利的航空網絡組織。目前全球最大的3個航空聯盟為星空聯盟（Star Alliance）、天合聯盟（Sky Team）及寰宇一家（One World），這3家航空聯盟在2018年的市場占有率共逾53％。

　　航空聯盟最常見的一種合作模式為代碼共享，比方說，當你在日本航空網站搜尋東京飛往倫敦的機票，除了由日本航空執飛的航班外，你也可以搜到及訂購由英國航空執飛的航班。由於日本航空及英國航空同屬寰宇一家，這種代碼共享方式使得這兩間航空公司有航班數量加密的效果。

　　此外，代碼共享亦可協助航空公司成員擴展其航線網絡。如你購買從雪梨飛往倫敦的英國航空機票，由於英國航空和國泰航空同屬寰宇一家，你會先被安排乘坐國泰航空的航班從雪梨飛到香港，再轉機乘坐英國航空的航班從香港飛到倫敦，這使兩間航空公司的航線網絡得以延伸至南北半球的地區。

　　有趣的是，國泰航空及中國國際航空分屬寰宇一家及星空聯盟兩家不同的航空聯盟，但這兩間航空公司互相持有對方股權，因此，國泰航空及中國國際航空亦有代碼共享等一系列的合作模式。

	Star Alliance 星空聯盟	SkyTeam 天合聯盟	One World 寰宇一家
美洲地區	加拿大航空 哥倫比亞航空 巴拿馬航空 聯合航空	阿根廷航空 墨西哥國際航空 達美航空	美國航空
歐洲地區	愛琴海航空 奧地利航空 布魯塞爾航空 克羅埃西亞航空 波蘭航空 漢莎航空 北歐航空 瑞士國際航空 葡萄牙航空	歐洲航空 法國航空 義大利航空 捷克航空 荷蘭皇家航空 羅馬尼亞航空	英國航空 芬蘭航空 伊比利航空
亞洲地區	中國國際航空 印度航空 全日本空輸 韓亞航空 長榮航空 深圳航空 新加坡航空 泰國國際航空	中華航空 中國東方航空 嘉魯達印尼航空 大韓航空 越南航空 廈門航空	國泰航空 日本航空 馬來西亞航空 斯里蘭卡航空
歐亞地區	土耳其航空	俄羅斯航空	西伯利亞航空
中東地區	埃及航空	中東航空 沙烏地阿拉伯航空	卡達航空 皇家約旦航空
非洲地區	衣索比亞航空 南非航空	肯亞航空	摩洛哥皇家航空
大洋洲地區	紐西蘭航空		澳洲航空 斐濟航空
2018年 市場占有率	21.70%	16.10%	15.60%

圖21-1各航空聯盟所包含的航空公司盟友。

　　到機場時，我們一般的花費就是購買機票，相關費用是付予航空公司的，那麼你是否想過機場是如何賺取收入以支撐它的日常營運呢？

　　機場收入主要分為航空業務收入及非航空業務收入，我們在購買機票時，其實航空公司已於票價中代收了機場旅客安檢費及服務費。連同飛機著陸費、飛機停泊費、飛機庫使用費、登機橋使用費等，航空業務收入一般占機場總收入逾50％。

　　至於非航空業務收入則包括零售、餐飲、租賃、泊車、廣告、燃油、佣金等。不同地區的非航空業務收入構成的比例各有不同，以中東地區為例，其非航空業務收入中超過48％是由零售相關業務產生的；而北美地區的非航空業務收入中超過39％是由泊車相關業務產生的。如此一來，中東地區機場營運者便可考慮提供多點商店，而北美地區機場營運者則可考慮設置多點停車位，以增加其非航空業務收入。

　　全球最高收入的機場管理集團之一為管理62個機場及2個直升機場的西班牙機場管理局AENA，其2019年的總收入達45億歐元。但請別以為機場業務很賺錢，全球仍有多達70％的機場虧損呢！

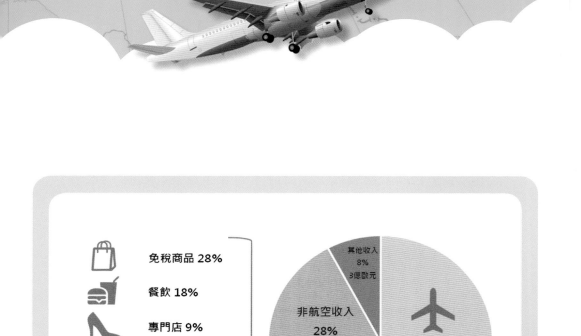

免稅商品 28%

餐飲 18%

專門店 9%

停車場 13%

租車服務 13%

其他 19%

其他收入
8%
3億歐元

非航空收入
28%
13億歐元

航空收入
64%
29億歐元

圖22-1 西班牙機場管理局AENA於2019年平均每位旅客的非航空收入為4.51歐元。

23 迄今最高銷量的機型

　　航空公司在選購飛機時，會綜合考量飛機型號的多方面性能是否能配合其營運模式，以達最佳的營運效率及收益。比方說，航空公司會考慮飛機型號的航程、耗油量、載客量、運轉時間、可靠度、噪音度、起降所需的跑道長度等因素。

　　迄今為止，銷量最高的民航客機為波音737系列。737系列從1967年問世至今，已出廠超過10,000架飛機。該系列至今共生產過13個不同的型號，新世代的737型號載客量可達230人，航程可達7,130公里。綜合其航程、耗油量、載客量、運轉時間、可靠度、噪音度、起降所需的跑道長度等特性皆有不錯的表現，因而備受航空公司歡迎。美國最大的廉航西南航空公司及歐洲最大的廉航瑞安航空公司基本上均全面採用737系列飛機作為營運機隊，他們在2019年分別運行700多架及400多架的737系列客機。

　　撇開民航客機來說，其實有一款飛機的銷量要遠高得多，那就是一架名為塞斯納172的單引擎4座位小型飛機。該型號自1955年問世至今共出廠超過44,000架飛機，莘莘飛行學員們就是駕駛塞斯納172學習衝上雲霄的。它的售價亦很便宜，滿油時夠你從倫敦飛到威尼斯了。

737 系列	A320 系列
生產商：波音公司	生產商：空中巴士公司
出產年份：1967 年	出產年份：1988 年
截至 2020 年 4 月之訂單量：14875 架	截至 2020 年 4 月之訂單量：15572 架
截至 2020 年 4 月之出貨量：10577 架	截至 2020 年 4 月之出貨量：9355 架

圖23-1 A320系列之銷量近年急起直追737系列。

（圖片來源：左Andreas Zeitler /shutterstock.com，右Markus Mainka/shutterstock.com）

圖23-2 塞斯納172曾於1958年至1959年間為慈善募款創下連續飛行64天22小時19分5秒的紀錄。

（圖片來源：Kev Gregory/shutterstock.com）

24 廉航的賺錢模式

　　2018年，俗稱廉航的低成本航空服務了13億旅客人次，占全球所有定期航班的31％，這一市場占有率仍在不斷攀升。廉航的機票價格已經這麼便宜了，他們是怎樣以降低成本的營運模式來賺取盈餘的呢？

　　歐洲最大的廉航瑞安航空公司其中一個主要策略是整個機隊只使用一款機型——波音737客機，使用單一機型的好處在於可以減低飛機保修成本及機組人員培訓成本。瑞安航空公司的機隊平均機齡亦相對年輕——只有6.5年；較新的飛機意味著較低的耗油量及較低的保養需求。

　　前輩說過，飛機只有在天空飛行才是賺錢的時候，廉航更是想盡辦法增加飛機在天空飛行的時間。有些飛機座椅不能後傾及不設後袋以加快清理時間，乘客一般不可預留座位以鼓勵提早排隊及加快登機。廉航一般於著陸後只需45分鐘就能再執飛，每架飛機一天可執飛達4至5個班次，物盡其用。

　　其他減低成本和增加收入的方法還包括對附加服務進行收費（寄艙行李、機上餐飲、優先選座）、使用不繁忙的機場作為基地以減低機場費用、避開高峰時間起降以減低起降費、不租用登機橋、使用自助值機設備以減低人員開支、機組人員同時擔任地勤工作等。

濟州航空編號HL8304飛機 於2019年7月25日的執飛時間表				
出發地	目的地	出發時間	到達時間	周轉時間
釜山	首爾	07:29	08:13	---
首爾	濟州	09:10	10:16	00:57
濟州	釜山	11:06	11:36	00:50
釜山	濟州	12:27	13:07	00:51
濟州	首爾	14:18	15:12	01:11
首爾	濟州	16:14	17:19	01:02
濟州	清州	18:41	19:29	01:22
清州	濟州	20:35	21:27	01:06
濟州	首爾	22:12	22:58	00:45

圖24-1 低成本航空公司的飛機會盡可能多飛幾轉以達最佳經濟效益。

25 黃金航班時刻

在繁忙的機場，為了更有效率地運用機場設施及資源，機場會透過時刻管理來編排航班的起降時段。按照國際航空運輸協會（International Air Transport Association，IATA）發布的《世界航班時刻準則》，機場應以公平、中立、高透明度的方式來分配航班時刻，以下讓我們來看看世界各地的機場及航空公司怎樣將寶貴的起降時段運用到極致。

作為世界上最繁忙的機場之一，航空公司要在倫敦希斯洛機場（Heathrow Airport）插針可謂困難重重，何況是每位旅客都喜歡的「早機去、晚機返」的黃金時段！阿曼航空就曾以破紀錄的7,500萬美元向法荷航集團認購了倫敦希斯洛機場早上的起降時刻。

如航空公司未能好好利用獲分配的起降時刻，機場可收回其時刻或對其做出罰款。為了確保黃金時刻免受機場收回，航空公司寧可飛一轉沒有乘客的航班以填滿獲分配的時刻。倫敦希斯洛機場曾經有一班往來威爾斯卡地夫的航班，每星期執飛6次，每次機上均只有機組人員，直至6個月後該時刻被同公司的另一航線使用為止。

新加坡亦已修改法案，對沒有按所分配時刻在樟宜機場（Singapore Changi Airport）準時起降的航班施以最高10萬新加坡元的罰款。

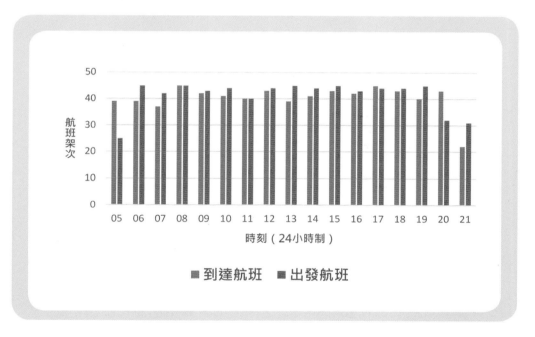

圖25-1 2018年倫敦希斯洛機場典型高峰日之航班起降架次時刻分配。

26 燃油對沖是賺是虧？

　　在航空公司的營運成本中，飛機燃油成本占了相當大的一部分。油價經常隨著世界經濟及地緣政治大幅波動，為了減低將來可能承受的成本風險，航空公司常常以燃油對沖的手法來訂立將來購買燃油的價格。

　　簡單來說，航空公司會與燃油供應商或財金機構訂立合約，訂明航空公司在未來一段指定時間以指定價格購買指定數量的燃油。一方面，航空公司可以更明確了解未來的營運成本；另一方面，燃油供應商或財金機構可以更明確了解未來的收入，然而，對雙方來說是賺是虧，則要看各自的眼光了。

　　2011年至2013年間，布蘭特原油價格約為每桶90至120美元。有鑑於此，國泰航空為未來幾年簽訂了燃油對沖合約，對沖價約為每桶81至95美元。怎料油價於2014年大跌，隨後幾年亦只維持在約每桶40至80美元之間，國泰航空因而在那幾年間蒙受逾200億港元的燃油對沖虧損，其公司股價亦隨之下跌近50%。

　　另一方面，美國航空則自2014年起不再做燃油對沖，華爾街自此又少了一個客戶。

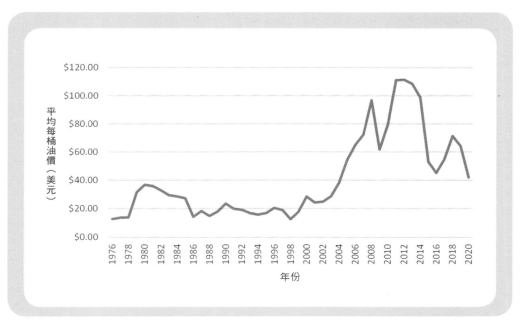

圖26-1 布蘭特原油歷年來的平均價格走勢讓人驚心動魄。

27 乘客運載率的迷思

　　乘客運載率（Passenger Load Factor）一般而言就是航空公司載客容量的運用率，2018年航空業的平均運載率為81.9％，運載率當然是愈高愈好，但數值的高低與航空公司的盈利能力又是兩碼子事。

　　挪威穿梭航空（Norwegian Air Shuttle）於2018年錄得高於航空業平均運載率之85.8％，然而，其業務卻於同年虧損14億挪威克朗。反觀同期只有77.5％運載率的阿聯酋航空，盈利高達28億阿聯酋迪拉姆，反映出不能只看機位銷量來衡量航空公司的業務表現。

　　航空公司財務報表中的一個關鍵要素為乘客收益率（Passenger Yield），挪威穿梭航空於2018年的乘客收益率為每公里0.38挪威克朗，而阿聯酋航空則為每公里0.253阿聯酋迪拉姆，轉換成美金兩者相差約70％，阿聯酋航空的綜合成本控制和業務組合似乎更勝一籌。

　　有了營運成本和收益的數據，航空公司就可以計算出要到達收支平衡的乘客運載率（Breakeven Load Factor）。有些航空公司的收支平衡運載率超過100％，意即在現有的成本開支水平及業務組合水平情況下，就算把機位全數售罄亦要面臨虧損，所以旺丁也不等於旺財。

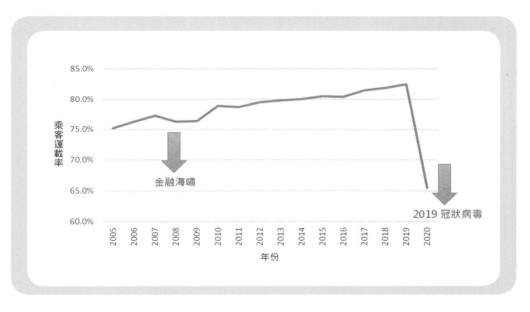

圖27-1 經濟危機及病毒大流行對航空業之乘客運載率造成一定的影響。

28 免稅商店設計學

　　機場免稅商店早於1947年在愛爾蘭的香農機場為往來愛爾蘭及北美的旅客提供購物服務，自此之後，世界各地機場不斷複製這種收入可觀的業務模式。現今的機場免稅商店就像是一個大型的購物中心，一些大型樞紐機場如韓國仁川國際機場及杜拜國際機場，免稅商店的年收益逾20億美元。如何使這些能誕下金蛋的母雞再誕下更多的金蛋，設計師們可謂絞盡腦汁。

　　設計學的巧妙之處在於其在有形及無形之間牽引著使用者的感觀及行動，在完成繁複又勞累的安檢後，設計師馬上將旅客引入一個放鬆又舒適的環境，身心大解放後，旅客更願意消費購物，採用地毯、木材、植物、天然光均可使人放鬆心情。

　　其次，設計師會讓你必須穿過長長的商店街才能到達登機口，這確保商品能夠獲得最大程度的曝光率。機場指示牌亦會告訴你還要走多久才能到達登機口，旅客掌握了這個資訊後，就可以更放心盡情購物。

　　最後，大部分商店均會採用蛇形穿梭走道設計，彎彎曲曲的走道拉長了旅客逛商店的路程，商品陳設保持伸手可達的距離，讓你可以開開心心邊走邊把商品放進你的購物籃！

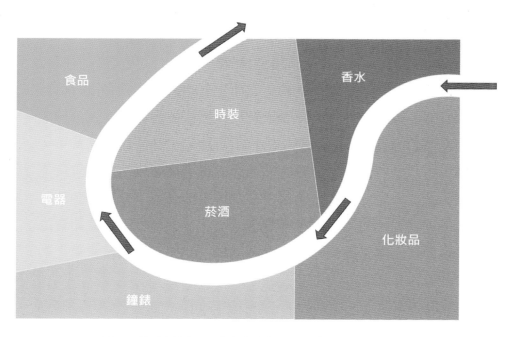

圖28-1 蛇形走道拉長了旅客的動線，從而增加商品曝光率。

29 機位超賣經濟學

相信大家偶爾會看到因機位超賣而請乘客離開飛機的片段，究竟航空公司為什麼要超賣機位，而他們又是否有權把手持機票的乘客請離飛機呢？

為了使每程航班能獲取最大利潤，航空公司會盡可能將每個機位都售出並讓飛機滿載。然而，有時候一些乘客沒有按計畫登機，或是一些乘客更改了航班，這些情況都會導致飛機無法滿載起飛。業界認為機位銷售跟百貨公司商品銷售性質不一樣，百貨公司商品如果暫時乏人問津還可以先放回貨架等待下次出售的機會，而空著的機位在飛機起飛後就不會再有創造收入的機會了。在此之前，若航空公司超賣了機位，那些超賣的乘客就可占用這些突然多出來的機位，使航班發揮經濟學上最大的收益效能。

參考過往載客數據和運用電腦演算程式，航空公司可推斷個別航班的超賣額度。很多時候這招還挺管用的，超賣的機位沒有超出空位數目，航空公司成功增加收入之餘亦不會得罪早已購票的乘客。一旦超賣過量導致部分乘客未能入座時，航空公司會透過補償方案來安撫未能入座的乘客，整體來說仍然對航空公司的經濟狀況有利。雖然「送客」在某些地區並不屬違法，且有列明相關補償方案的指引，但在這個提倡人性化服務的年代，大家可以思考一下如何更妥善地處理非自願被請離客機的情況。

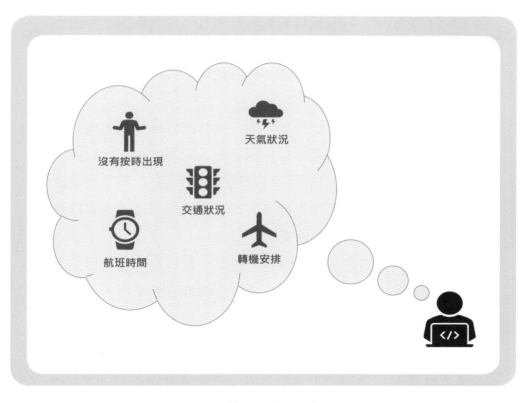

圖29-1 航空公司的演算程式會考慮歷史數據及環境因素以推算機位超賣的數量。

你是否想過可以買下一個機場?一般來說,機場這類大眾運輸的大型基建予人的感覺是由政府擁有的公共資產。的確,世界上大部分機場是由政府籌劃興建的。然而,近數十年開始吹起一陣「機場私有化」風潮,或許你也可以透過某種形式擁有一個機場的部分權益。

2002年,以麥格理銀行為首的一個財團以56億澳元向澳洲政府收購了雪梨機場為期99年的經營權。從2002年至2019年期間,雪梨機場的股票價格由每股1澳元升至9澳元,買下雪梨機場的股票能令你在某程度上擁有它的部分權益,不知道這樣是否讓你有當上機場老闆的感覺呢?

由於機場業務收益較為穩定,機場亦會成為一些退休基金的投資目標。像是加拿大安大略省教師退休基金,基金組合就包括了伯明罕機場、布里斯托機場、布魯塞爾機場、哥本哈根機場及倫敦城市機場。

「機場私有化」雖然愈趨普及,但過程並非一帆風順。在法國政府打算出售部分巴黎戴高樂機場的經營權之際,因為擔憂國家未來從機場可獲得的財政收入減少,及影響國家未來對機場這一重要建設的話語權,在社會上引起了強烈的反彈聲音。因此,出售機場不單純是財務業務,還要顧及國家的整體利益!

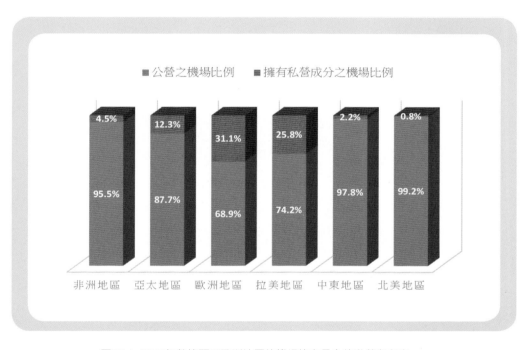

圖30-1 2016年數據顯示歐洲地區的機場擁有最多的私營參與度。

第4章

法規編

㉛ 航權風波

　　2017年6月，隨著卡達跟中東諸國的外交風波愈演愈烈，卡達周邊的沙烏地阿拉伯、阿聯、埃及、巴林等對在卡達註冊的飛機提出航權封鎖，禁止卡達航機進入這些國家的空域。來往卡達及這些國家的航班全面停飛，而來往卡達及歐洲、非洲等地的航班亦需繞道伊朗。這不單影響到卡達的日常航班出行安排，亦因繞道而導致航行時間增加及燃油用量成本的上漲。

　　根據《國際民用航空公約》，一般來說有9類航權。就上述卡達的情況簡單來說，第一航權「領空飛越權」、第三航權「目的地卸載客／貨權」及第四航權「目的地裝載客／貨權」均受影響，其他較複雜的航權亦不能完全幸免。

　　不要看輕航權限制對一個國家、一間公司或一般乘客的影響。冷戰時期由於蘇聯及中國的領空不對西方飛行器開放，由巴黎飛往東京的航班需繞道埃及、印度、泰國、菲律賓方可抵達東京，全程歷時超過70小時，很是累人。另外，1983年大韓航空007號由美國飛往韓國班機因偏離原定航線，闖入蘇聯領空遭擊落，機上無人生還。所以說，為了大家出行的便捷及安全，我們要致力維護世界和平！

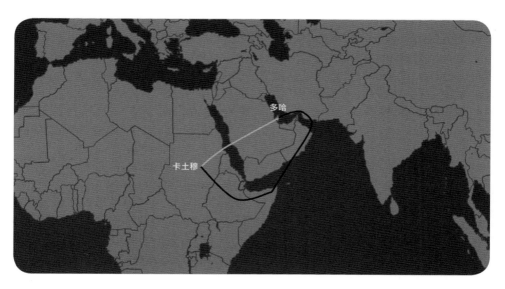

圖31-1 航權封鎖後，往來多哈及卡土穆的航程由橙色路線加長至紅色路線。

32 飛機上產子的國籍問題

　　桑娜剛剛在飛機上與機組人員一同慶祝18歲生日。18年前，桑娜的媽媽於搭乘飛機途中，在一名醫生乘客及機組人員的協助下，比預產期提前6週在空中生下桑娜。

　　機艙始終不是設備齊全的產房，為了減少機上生產的機率，航空公司一般會要求懷孕 28 週後的孕婦攜帶醫療證明，以顯示孕婦懷有的是單胎或多胎、懷孕期及預產期、孕婦和胎兒的健康狀況、孕婦是否適合乘坐飛機等。航空公司一般只接納懷有單胎未滿 36 週或懷有多胎未滿 32 週的孕婦登機。

　　機上生產中最受矚目的問題就是寶寶的國籍歸屬。由於不同國家有不同的國籍法規，一些情況還涉及到國際空域，這就把國籍問題變得更複雜了。國籍法規一般分為屬地主義和屬人主義，屬地主義即無論父母是什麼國籍，寶寶都可獲得出生國的國籍；而屬人主義即寶寶可獲得父母所屬的國籍。另外，如航機的登記國為《減少無國籍狀態公約》的締約國，那麼在該航機上出生者應視為在航機之登記國領土出生。

　　2015年時，有一名機上出生的寶寶在飛機轉降美國阿拉斯加後獲得美國籍，但由於航空公司懷疑孕婦隱瞞實際懷孕週數，事後也獲得證實該名孕婦是為了生「美寶」，所以航班轉降阿拉斯加所衍生的逾百萬元費用也會向該名孕婦求償。

S.K.Y.   K.L.M.

Jet   Virginia

圖32-1 在飛機上誕生的寶寶，有的會採用航空公司名稱或跟天空有關的字眼作為名字。

　　2006年，英國警察當局破獲一宗跨大西洋航機恐怖襲擊陰謀，涉案人士計劃使用液體炸藥炸毀由英國飛往美國的多架飛機，所幸陰謀並未實行。

　　由於情報顯示恐怖分子可能利用液體或凝膠在機艙內組裝爆炸品，在上述事件被破獲後，跨大西洋航班立即禁止旅客攜帶任何液體上機（嬰兒飲食品除外），就連墨水筆也不能例外。

　　這突如其來的禁令使英美機場的運轉力承受壓力，由於眾多物品不能讓旅客直接帶上飛機，需要寄艙的行李量大增，估計單是英國希斯洛機場就有約2萬件行李被誤放或遺失，事件發生首日估計對眾多航空公司共造成1.78億歐元的損失。

　　隨後，多國開始對可攜帶上機的液體、壓縮氣體及凝膠狀物體實施規範化條例。每件攜帶上機的液體、壓縮氣體及凝膠狀物體的容器不得超過100毫升，並須放入一個容量不超過1公升的可再封口透明袋內。藥物及嬰兒飲食品可獲豁免遵從100毫升的規定，其他超過100毫升的容器一律需要寄艙。

圖33-1 醬料、醃漬食品、罐頭食品、乳酪、布丁、牙膏、冰淇淋在飛機保安上也會被視為液體。

（圖片來源：GoodStudio/shutterstock.com）

34 黑盒子爭奪戰

　　2014年7月17日，型號為波音777的馬來西亞航空MH17班機由阿姆斯特丹飛往吉隆坡途中，在靠近俄羅斯邊境的烏克蘭領空內墜毀，機上人員全數罹難，其中大部分為荷蘭公民。根據《國際民用航空公約》第26條規定，一締約國的航空器如在另一締約國的領土內失事，將由出事所在國發起對事故的調查。該公約之附件13列明出事所在國可將全部或部分調查工作委託予另一國或一地區事故調查組織進行，航空器的登記國、經營者所在國、設計國、製造國及在事故中蒙受公民傷亡國均可委派代表參與調查。

　　雖說上述事故發生在烏克蘭領土，但事發地點當時為分離分子衝突區域，飛機黑盒子被分離分子找到後，一度傳言將交予俄羅斯，美國亦對事故發表強烈措詞。殊不知，馬來西亞政府原來已悄悄地聯絡上分離分子領袖，期望取回黑盒子及接回遺體。

　　由於馬來西亞航空在一年內先後發生MH370失聯及MH17墜毀兩起嚴重致命飛安事故，為了維護國家尊嚴，拚了命也要取回黑盒子！經過一輪談判後，分離分子領袖於7月22日在記者見證下，將黑盒子交到馬來西亞政府代表手上。傳言指美國FBI曾試圖取走黑盒子，但在馬來西亞力保不失下，最終將黑盒子交予荷蘭安全委員會做調查。

駕駛艙通話記錄器
Cockpit Voice Recorder

連續記錄 2 小時駕駛艙與
空管人員對話內容及駕駛
艙內的聲音。

- 抵禦1,100度高溫燃燒30分鐘
- 高達3,400Gs抗擊力
- 承受20,000英尺水壓
- 水下定位裝置連續30天發出37.5kHz訊號

飛行資料記錄器
Flight Data Recorder

連續記錄25小時的飛行參數
，包括高度、空速、航向、
加速度、時間等。

圖34-1 橘色的「黑盒子」包含安裝在機尾位置的飛行資料記錄器及駕駛艙
　　　　通話記錄器兩部分。

35　機長的權責

　　還記得2000年一位香港男歌手在飛機上鬧事的事件嗎？當時那位男歌手在洛杉磯飛往台北的長榮航班上酒醉滋事，機長用手電筒將他制服後，改道緊急降落阿拉斯加安克雷奇機場，讓警方把他帶走。

　　根據《東京公約》，機長在有理由認為某人在航空器上危害或能危害航空器或其所載人員或財產的安全、或危害航空器上的良好秩序和紀律，機長可對此人採取管束措施，並將他交付主管當局或使他離開航空器。上述事件可以說是反映這項機長權責的實例。

　　2019年，一個從昆明飛往成都的航班因一位在機艙內打點滴的乘客而延誤了近7個小時才起飛。據說是因為機長擔心打點滴的乘客在飛行途中可能有生命危險，該名乘客又不願離開機艙，機長因而拒絕起飛。

　　根據國際民航組織附約，當機艙門關上後，機長應對機上所有機組人員、乘客及裝載之貨物的安全負責。此外，附約亦表明機長在執行職務時對航機之操作擁有最終的處置權。綜合考慮國際民航組織附約內有關機長權責之條文後，不知讀者認為上述機長拒絕起飛的理由是否合理呢？說到底，一切的決定都是以安全作為依歸！

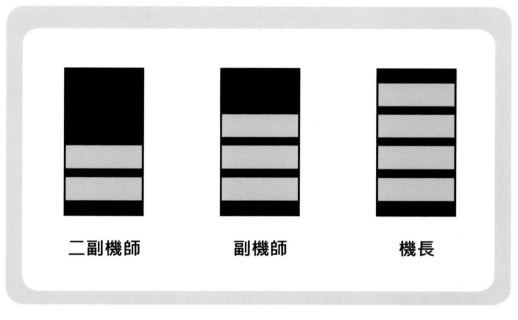

| 二副機師 | 副機師 | 機長 |

圖35-1 有人說機長肩章的4條金槓代表專業、知識、飛行技術及責任。

36 住在機場裡的人

　　你看過由湯姆漢克主演的電影《航站情緣》嗎？男主角因證件問題被迫滯留機場，住在航站樓期間邂逅女主角的故事浪漫動人。但現實生活中卻沒有如電影般的浪漫情節，有些住在機場裡的人甚至一住就住上10年、20年之久。

　　其中最著名的機場住客是一位名叫梅赫蘭的伊朗男子。梅赫蘭在法國戴高樂機場等候轉機至英國期間，聲稱在旅途中遺失了身分證明文件，因此他既不能入境他想要去的英國，也不能入境法國。而且他亦聲稱被伊朗政府驅逐，不能返回伊朗，並期望按原計畫入境英國。就這樣，梅赫蘭從1988年開始住在戴高樂機場的第一航廈中，半等半住靠著來訪記者及機場商戶的資助及照顧，直到2006年才因病搬離機場。

　　國際機場裡確實存在一些被視為「已離境」或「未入境」的禁區範圍，這些禁區範圍位於離境檢查後及入境檢查前的候機區及中轉區。理論上，停留在這些區域的人士不被視為在機場所在地的境內，因此，這個特殊區域近年變成了一些尋求外國政治庇護者的等候區。

　　但請別以為「已離境」或「未入境」的狀態可以豁免在禁區內所犯的罪行。曾經有一位孕婦在香港國際機場轉機期間，為了可以在香港產子，在沒有通行證的情況下於禁區逗留了7天，因而被判入獄。

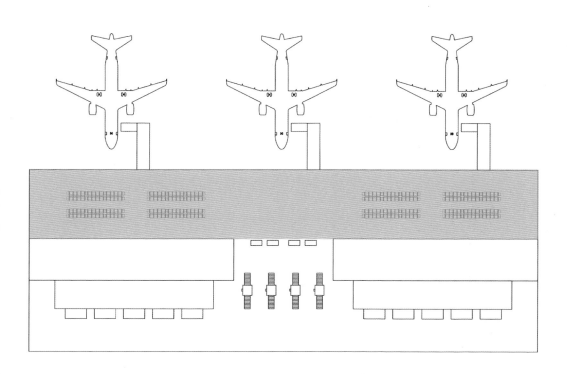

圖36-1 在航站樓內過了安檢及完成護照檢查後就進入禁區了（粉紅色區域）。

37 國家領土的延伸

　　機艙犯罪的執法問題，想必讀者們也感到好奇吧？飛機從起飛的國家一路航經多個國家的領空，有時更會航經公海上空才抵達目的地國家，如果於飛行途中在機艙內發生犯罪案件，案件應該交由哪個國家進行管轄呢？

　　根據《東京公約》，航空器之登記國有權對在該航空器內的犯罪和所犯行為行使管轄權，該航空器內的犯罪應被認為是發生在航空器登記國領土上。非登記國的締約國除特殊情況外，不得對飛行中的航空器進行干預以對航空器內的犯罪行使其刑事管轄權。所以，就機艙犯罪這一議題上，航空器就像是登記國的領土延伸。

　　此外，《海牙公約》及《蒙特利爾公約》亦就非法劫持航空器及危害民用航空安全的非法行為進行了補充，旨在涵蓋更多樣的航空器相關犯罪及更滴水不漏的管轄權。

　　以上各公約的意義均為保障航空器及其所承載者和承載物之安全，並對犯罪給予處罰。然而，公約之間的應用亦曾引起不同締約國對犯罪管轄權的分歧，如對罪犯的審判權進行爭奪等。

圖37-1 機身上漆上航空器註冊編號以標示飛機的登記國。

（圖片來源：Kentaro IEMOTO/https://www.flickr.com/photos/kentaroiemoto/5481514185/）

國家	國家首碼
安哥拉 (Angola)	D2
埃及 (Egypt)	SU
法國 (France)	F
德國 (Germany)	D
義大利 (Italy)	I
日本 (Japan)	JA
馬來西亞 (Malaysia)	9M
盧安達 (Rwanda)	9XR
沙烏地阿拉伯 (Saudi Arabia)	HZ
美國 (United States)	N

圖37-2 航空器註冊編號的國家首碼例子。

38 別在我的頂上飛越！

　　在陸地上，嚴禁闖入的地方一般會被圍牆或圍欄重重包圍，範圍顯而易見。其實天空中亦有一些空域是被劃定為禁止飛越的，如未經許可擅自進入這些空中區域，輕則可能被罰，重則可能性命堪虞。

　　被劃定為禁飛區的空中區域主要是出於國防保安及公眾安全考量，比方說核電廠、煉油廠、皇宮、元首居所、國會大樓、軍事基地、神廟、聖殿、重犯監獄、主題樂園等，這些重要設施上空的禁飛範圍及禁飛高度會被標註在航圖上。

　　倘若一架飛機有意無意地進入了禁飛區，一般情況下該飛機會先收到無線電通訊以詢問詳情。若飛機沒有按照指示駛離，或做出可疑飛行動作，說不定還會被戰鬥機攔截，甚至遭開火警告！即使飛機最後在戰鬥機的引領下安全著陸，違反禁飛區條例的機師亦有可能遭到停牌。

　　飛機闖入禁飛區的經濟代價亦不容忽視，最直接的就是戰鬥機的飛行費用，其每小時飛行費用高達10,000至20,000美元。另外就是間接影響周邊航班的正常運作，從而造成因航班延誤而引致的經濟損失或因航行計畫改變而耗費更多燃油的成本。

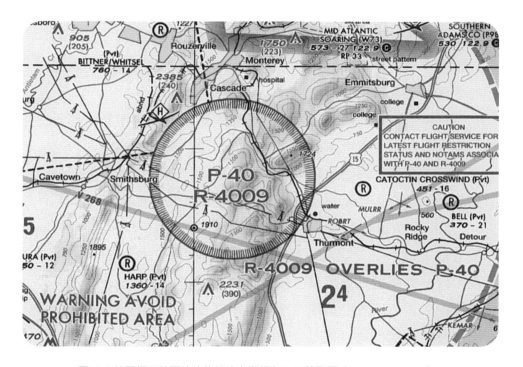

圖38-1 航圖標示美國總統休假地大衛營為P-40禁飛區（Prohibited Area）。

（圖片來源：US Department of Transportation, Federal Aviation Administration, National Aeronautical Navigation Services / commons.wikimedia.org）

39 機組人員的組合

　　媽媽從電視裡看到因應新型冠狀病毒疫情而派出包機接載居民的片段問道：「不是派機師去接載人們就行了嗎？反正這包機不會提供任何餐飲服務，為什麼還要幾個空服人員一起隨行？」

　　其實，機組人員的主要職責為保障乘客的安全，並在緊急情況下協助乘客疏散。各地區對機組人員的數量有不同要求，其中最基本的計算方法為每50名乘客或每50個乘客座位配一名機艙乘務員，而其座位必須靠近飛機的緊急出口。

　　至於飛機駕駛員方面，商業航班基本要求至少2名駕駛員作為飛行成員。由於航空運輸攸關性命安全，2名駕駛員相互分擔工作之餘亦可相互監察，如其中一名駕駛員在飛行途中不適或不幸離世，另一名駕駛員亦可控制飛機著陸。按照飛機的運行和登記要求，機組人員還可能包括領航員、無線電通話員、機械員，但這些角色現今大多被駕駛員包攬了。

　　除上述之外，還需注意各地區對機組人員的疲勞風險管理制度。執行長途航班時，考慮到機組人員需要休息的生理需要，應適當增加航班之機組人員數量。

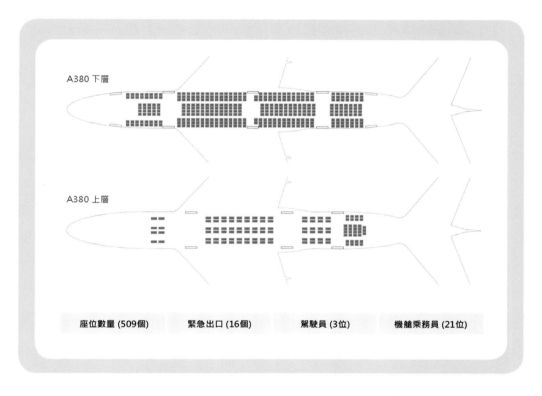

| 座位數量 (509個) | 緊急出口 (16個) | 駕駛員 (3位) | 機艙乘務員 (21位) |

圖39-1 漢莎航空的A380客機所配置之機組人員數量。

40 駕駛艙咖啡禁令

相信大家都可以理解機師在駕駛長途機途中，會渴望喝一杯熱咖啡提提神，但這個如此簡單的願望在數次打翻咖啡事件後就變得不可能了。

2019年，一架從德國飛往墨西哥的A330客機在機師於駕駛艙打翻咖啡後，被弄溼的控制鍵因故障受熱開始熔掉並冒煙，嚇得機師要馬上將飛機備降愛爾蘭。

另外，在別的航班亦發生了2次駕駛艙打翻飲料事件，在這2次控制台被弄溼的事件中，更懷疑涉及了A350客機引擎於飛行途中自行關閉，迫使航班選擇備降附近機場，機件亦需要接受檢驗及維修。

經過上述事件後，歐洲航空安全局馬上發報A350客機駕駛艙的「飲料禁區」要求。A350客機的製造商空中巴士公司亦積極地為控制台的重要操作鍵加裝了保護罩。最新消息指出，空中巴士公司已重新設計了一個防水的控制台，以重點保護與引擎相關的操作鍵。不知道這個新設計是否能讓機師以後可以放心在駕駛艙內享用咖啡呢？

圖40-1 駕駛艙內的控制台有上百個操作鍵及顯示器。

（圖片來源：Hananeko_Studio/shutterstock.com）

第5章

營運編

41 航班起降量極限

　　位於印度孟買的賈特拉帕蒂・希瓦吉國際機場在2018年以1,003個航班起降架次打破了世界上單跑道機場的單日航班起降架次紀錄，成為世界上最繁忙的單跑道機場。

　　紀錄顯示，兩個緊隨的航班使用同一條跑道的最短時間差距為65秒，其中以英國倫敦的蓋威克機場最能體現這個效率，它的單跑道每小時最多可處理55架次航班起降。這個紀錄可被突破嗎？那我們先要了解是什麼因素影響跑道效率。

　　飛機起飛及降落時，會對後方氣流造成尾流擾動。其一原因是引擎高速噴射氣體以推動飛機前進所產生的噴射渦流，另一影響更大的原因是機翼上方及下方之氣流差所產生的翼尖渦流。

　　大型飛機所產生的翼尖渦流有時候需要數分鐘才會散去，渦流對尾隨飛機（尤其是相對較小型的飛機）會造成不穩定的危險狀態，因此，空管員須確保兩架相隨的飛機於使用同一跑道時有足夠的分隔距離及時間。比方說，在大型飛機如A380起飛後，尾隨較小型的飛機至少要相隔2分鐘後才能起飛。想要突破上述的跑道升降效率？就從飛機起降的排列次序入手吧！

圖41-1 機翼上方及下方之氣流差所產生的翼尖渦流。

（圖片來源：hlopex/shutterstock.com）

圖41-2 翼尖渦流對尾隨飛機的影響不容忽視。

42

航班號碼的編排

　　編制航班號碼是有一定規律的。國內航線因班次較多，一般在航空公司代碼後面加上4位數字，而國際航線則使用3位數字。另外，亦有出基地的航班結尾數為單數，回基地的結尾數為雙數的規律。

　　比如說，在耶誕假期後，我乘坐中國國際航空從廣州白雲國際機場出發，經北京首都國際機場轉機，再飛抵維也納國際機場。中國國際航空基地設於北京，因此，從廣州飛往北京的行程屬於回基地的國內航線，該航班編號為CA1366；而後由北京飛往維也納的行程屬於出基地的國際航線，該航班編號為CA841。回程的航班編號按上述原則排上相連號碼，即由維也納飛往北京為CA842，由北京飛往廣州為CA1365。

　　此外，個別航空公司會為旗艦航線編上「1號」航班號碼，以突顯其尊貴性及代表性，如長榮航空由洛杉磯飛往台北的BR1及阿聯酋航空由杜拜飛往倫敦的EK1。為了迎合華人對部分數字的喜好，加拿大航空為上海飛往多倫多的航線編上AC88號，荷蘭皇家航空亦為香港飛往阿姆斯特丹的航線編上KL888號，取其「8」字與「發財」諧音的吉利寓意。

航班號	航空公司	航線
DL1	達美航空	紐約 - 倫敦
BG1	孟加拉航空	達卡 - 倫敦
EK1	阿聯酋航空	杜拜 - 倫敦
BA1	英國航空	倫敦 - 善農 - 紐約
QR1	卡達航空	多哈 - 倫敦
QF1	澳洲航空	雪梨 - 新加坡 - 倫敦
WS1	西捷航空	卡加利 - 倫敦
MH1	馬來西亞航空	倫敦 - 馬來西亞
VS1	維珍航空	倫敦 - 紐約
FX1	聯邦快遞	倫敦 - 曼菲斯

圖42-1 倫敦乃其中一個擁有最多「1號」航班號碼的城市。

43 不簡單的飛機餐

一份份看似普通又簡單的飛機餐，既要滿足五湖四海乘客的口味，又要符合高空食物安全標準，其在菜單設計、食材準備、包裝貯存等方面都需經過一絲不苟的種種程序。

研究指出，人的味蕾靈敏度在飛行高度比在地表減弱約30%，尤其對鹹味及甜味較不靈敏。另外，由於機艙環境乾燥，嗅覺亦會受影響。食物的色香味在高空中無法盡情發揮，因此更考驗飛機餐設計師的功力。

試想機艙就只有那麼幾間廁所，如果因為食物不潔而導致乘客不適，那將會是場可怕的災難！因此，食物衛生是飛機餐中最重要的事。在空廚煮好的食物會先經過速凍以保持其質量，再貯存在冰箱內直到裝盤送上飛機。食物的製作時間及經手人都會被清楚記錄下來，每一個步驟都是可監控的。

然後就是按照不同乘客的需求製作不同種類的飛機餐，根據不同文化及健康需求而另行預定的飛機餐包括回教餐、猶太餐、素食餐、糖尿病飲食餐、低膽固醇餐、無麩質餐、低乳糖餐、兒童餐、嬰兒餐等。

順帶一提，正機師與副機師不能吃同一款餐食，亦不能與乘客吃同一款餐食，這是為了預防食物出問題。只要避免吃同樣的餐食，就可以減低一起發生食物中毒的機率，雖然在飛機上食物中毒事件很少見，但還是非常重要的一件事！

圖43-1 存放在餐車內的食物在飛機起飛前被送上機艙。

（圖片來源：Renata3/en.wikipedia.org）

　　以美國於2019年的情況為例，每刻就有約5千架飛機橫越其空域，要是沒有其518個塔台、154個終端管制中心和25個區域管制中心高效又安全的航空交通指揮幫助，天空中的交通流向將變得一團糟。

　　飛機準備出發時，塔台的工作人員透過目視和雷達監測方式的場面管制，在確保場面上的工作人員、車輛、飛機等均保持在安全距離的情況下，向飛機發出出發許可。此時飛機方可由泊位出發，滑行至跑道準備起飛。

　　飛機起飛後即進入終端管制空域，其主要功能為指揮飛機爬升至合適的高度。之後，飛機在高空巡航中將途經不同的區域管制空域，區域管制中心會透過遠程雷達的協助向飛機提供飛航情報，包括惡劣天氣情報、附近不能闖進的空域、與其他飛機之安全距離等。

　　飛機接近目的地時，航空交通管制程序將逆轉，由區域管制交予終端管制以指引飛機下降，然後交予塔台向飛機發出著陸許可，由場面管制指引飛機從跑道滑行至泊位。

　　由於相關工作複雜又費神，因此年齡限制乃當上航空交通管制員的一大要素。美國聯邦航空總署（FAA）就要求航空交通管制員申請入職時不可超過30歲，並須在56歲或之前退休。

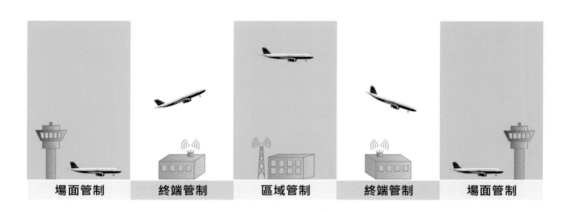

| 場面管制 | 終端管制 | 區域管制 | 終端管制 | 場面管制 |

圖44-1 飛機從起飛到著陸途經不同的管制空域。

④⑤ 從地到天的航空保安

從20世紀70年代起，恐怖活動日漸猖獗，機場及航機作為多元又集中的交通網絡，往往成為想奪取世界目光的恐怖活動目標。自此，各地開始推行更規範化的航空保安措施，到了2001年911襲擊事件後，美國運輸安全管理局TSA成立（是的，就是行李箱TSA鎖的那個TSA！），航空保安工作提升至一個前所未有的高度。2019財政年度美國航空保安開銷高達70億美元，這樣高昂的支出有效保護了乘客及國家安全嗎？

在你未踏入機場範圍開始，圍著機場周邊的重重圍網及閘門阻隔著不法闖入，最新的防翻越技術包含觸碰及紅外線警報，出入口處亦設有防車撞的石墩。想要進入航站樓嗎？得先通過金屬探測器及爆炸物探測器，行李亦要受X光機及CT掃描器檢查，金屬利器、槍枝、炸藥化學物等危險品將無所遁形。想要登機嗎？得先確認你的身分，除了檢查護照證件的真偽，最近一些機場還引進了較具爭議性的生物識別技術，如指紋、虹膜、臉部識別等。登機前保安人員亦會隨機或有目標地要求某些旅客接受毫米波檢測，衣衫下的違禁品將一目了然。登機了嗎？要是你乘搭美國航班，旁邊可能還坐著一位荷槍實彈的空中警察呢！

科技日新月異，網絡安全及無人機攔截亦成為航空保安重要的一環，其他新技術也在不停演進。最後，千萬不要心存歪念，記住「天網恢恢，疏而不漏」。

分析數據：

性別：男
表情：微笑
年齡：24
姓名：陳大文
相似度：85.09%

圖45-1 部分機場利用臉部識別技術鎖定嫌疑人物。

圖45-2 毫米波掃描儀可以影像化旅客藏在衣服裡的可疑物品。

（圖片來源：Raimond Spekking/de.wikipedia.org）

46 不可或缺的消防救援

　　根據往來飛機的機身長度及寬度，機場可被劃分為10個級別。不同級別的機場有不同的消防救援指引，像香港國際機場這類有起降A380及747大型飛機的機場，則被界定為10級機場。

　　按照國際民航組織指引，10級機場在正常能見度及正常路況的情況下，消防隊在接報後應在2分鐘內抵達跑道區，或在3分鐘內抵達其他飛機活動區。由於飛機載有大量燃油，飛機滅火行動主要使用泡沫式滅火劑。泡沫式滅火劑具有很好的流動性，可迅速覆蓋燃油表面，使之與空氣隔絕，進而撲滅火焰及防止復燃。10級機場應配備至少3輛消防車，並須於每分鐘輸出11,200升的滅火泡沫。

　　機場消防車比一般市區消防車特別——特別重型、特別快速、特別昂貴！其中最厲害的快速截擊車，由6輪推動，重量達52,000公斤，極速達135km/h，配置12,000升水缸及1,500升泡沫缸，可邊行駛邊射出滅火劑，售價高達百萬歐元。

　　機場消防車除了在緊急救援時出動，亦會在慶典時扮演特別角色。當有新航空公司啟航、飛機退役、機長榮休、貴賓抵達等，雙數的消防車就會射出水柱對飛機行水門禮，以示致敬和祝福。

圖46-1 重型的機場消防車曾於電影《變形金剛》裡扮演重要角色。

（圖片來源：Dmitrij Rodionov/commons.wikimedia.org）

圖46-2 飛機穿過由機場消防車射出的拱型水門禮。

（圖片來源：Pilot320/commons.wikimedia.org）

想知道飛機究竟能否倒退開，首先得了解飛機的動力從何來，我們用噴射引擎驅動的飛機做個例子吧！

噴射引擎啟動後，空氣通過引擎產生推力使飛機前進，此時如果把引擎的推力反向器打開的話，就會擋截住後推的空氣並使其改變方向，使飛機可以有倒退開的效果。

一般來說，飛機最常需要倒退的時候，就是當所有乘客完成登機，飛機要倒退離開登機口及空橋，滑行至跑道準備起飛的時候。然而，相信讀者們都未曾見過飛機使用推力反向器來駛離登機口及空橋，這又是為什麼呢？

由於飛機在地面低速運行時啟用推力反向器會很容易捲起周邊的異物，這些異物被吸入引擎的話會導致引擎損壞，且推力反向器在改變空氣流向過程中會產生巨大的聲響，因此，飛機在地面的倒退動作都會交由牽引車幫忙「後推」。

推力反向器雖然在飛機倒退一事上未能幫上很大的忙，但其還有一個非常重要的功能——減速。當飛機降落跑道的瞬間，打開推力反向器可幫助飛機減速，減輕輪胎制動器的耗損，並可縮短降落煞停的距離。

圖47-1 飛機在降落跑道的瞬間打開推力反向器以達到減速效果。

（圖片來源：Adrian Pingstone/commons.wikimedia.org）

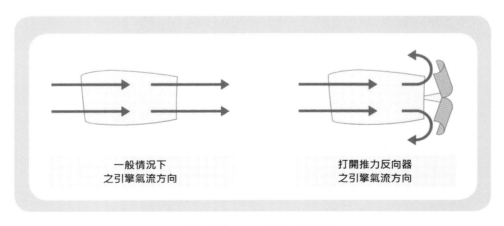

一般情況下
之引擎氣流方向

打開推力反向器
之引擎氣流方向

圖47-2 引擎打開推力反向器後改變了氣流方向。

48 機場要打烊了

　　機場靠近市區有交通便利的好處，可是飛機升降引起的噪音可不是人人受得了的。飛機飛行噪音來源主要由引擎轉動和空氣流經機身及機翼時產生的摩擦氣流。大白天當周圍都進行著各種活動的時候還不至於影響太大，但到了夜闌人靜的晚上，如果機場仍有飛機升降，那附近的居民豈不是不用睡了？

　　以英國為例，直至1962年，當地政府才推行一些消減機場噪音的管制。英國政府研究發現，當持續噪音達54dB LAeq時，就會開始對周邊社區生活造成困擾。因此，英國現在部分機場在晚上23:00至清晨6:00會實施飛機升降噪音配額制度，以限制夜機的數量。

　　更甚者，如德國法蘭克福機場，嚴禁所有航班於晚上23:00至清晨5:00起降。機場宵禁猶如機場打烊了一樣，你若是因延誤錯過了在23:00前起飛，整個航班的旅客就得等到明天了。在2016年的某天，就有約7,000名旅客因未能在機場宵禁時段前起飛而須睡在法蘭克福機場。

　　機場宵禁這個議題有兩極的說法，支持者認為機場宵禁可保障周邊居民的作息權利及精神健康，反對者則認為晚上減少或禁止航班起降會削弱機場的競爭力，你認為呢？

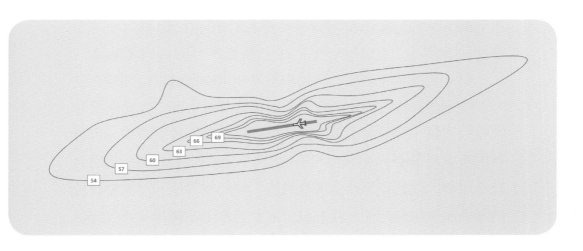

圖48-1 典型的機場噪音等值線圖。

49 在世界中心呼喚旅客

　　說到樞紐機場，不得不提當中的佼佼者——杜拜國際機場。其夥同阿聯酋航空，屹立於中東地區，將南北東西各大城市連繫著。杜拜國際機場標榜其優越的地理位置可於4小時內飛抵1/3世界人口之區域；於8小時內飛抵2/3世界人口之區域。

　　A380的誕生是促使杜拜國際機場及阿聯酋航空這個組合成為航空界超級樞紐的一大原因。與其冒著載客量不足而開設點到點的直航，抑或為了克服超長航線對飛機的技術要求，阿聯酋航空會利用A380這類巨型飛機把不同目的地的旅客一起送到杜拜中轉。在杜拜集合由其他地方出發的旅客後，再把相同目的地的旅客組合在同一條航線，達到營運上的經濟效益。阿聯酋航空高峰時期的航線多達240個目的地，其機隊擁有豐富的地域連接性。

　　這種輻射性的營運模式，以杜拜國際機場為中心，向世界各地城市伸展開來。為了聚集足夠的旅客量及縮短中轉時間，大量航班會在同一時段內抵達及出發。杜拜國際機場於2018年處理的89,000,000旅客人次當中，多達63%為中轉旅客。要在同一時段內應付如此龐大的旅客量，機場需要投入極大的資源以提供優質的服務，包括高效的行李處理系統、多元的餐飲店舖、充足的休息座椅等。

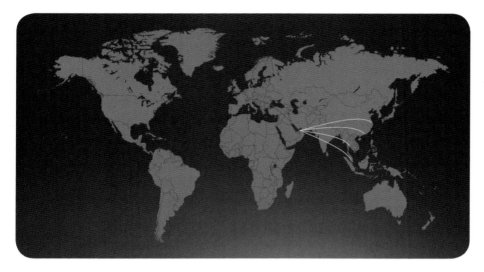

圖49-1 從黃色航線匯集當中相同目的地的旅客，再以紅色航線飛往目的地。

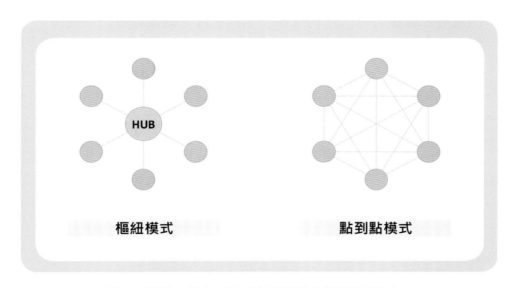

圖49-2 透過樞紐模式可以把所有的點以最少的路線連接起來。

機場每天接待成千上萬來自世界各地的旅客，不同型號的飛機每分鐘都在空中及地上排隊等待起降，高產值貨物及新鮮食材趕著要運到消費者手中。機場是一個繁忙偌大的生態系統，需要眾多不同範疇的工作人員在不同的崗位上發揮作用，方能確保整個機場的營運安全及效率。

每個人的興趣才能皆不同，有的謹慎小心，可投身保安搜查；有的熱情細膩，適合客戶服務；有的頭腦精密，可挑戰機件維修；也有的反應敏銳，不妨加入空管團隊。

機場營運需要多個部門團隊在不同專業領域上努力著，物業發展、機場運行、財務商務、工程維修等各個範疇的總監們及團隊人員，缺一不可。條條大路通羅馬，只要你真心熱愛你的工作，走上自己感興趣的專業道路，下一個機場總監就是你！

當然，在機場工作還是有一些限制條件的。機場作為大型集體運輸場所，又是國家進出門戶，因此可能會對機場員工的背景審查有特別要求。對於某些有特別保安要求的工作崗位，「無犯罪紀錄」可能是該工作的入場門票。

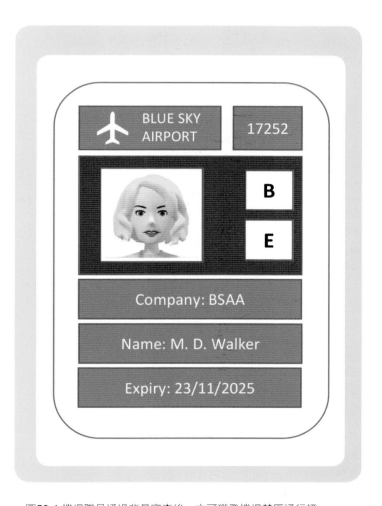

BLUE SKY AIRPORT

17252

B

E

Company: BSAA

Name: M. D. Walker

Expiry: 23/11/2025

圖50-1 機場職員通過背景審查後，方可獲發機場禁區通行證。

國家圖書館出版品預行編目資料

機場總監告訴你 50 個飛機知識：關於機場基建、飛行、
商務、法規、營運的祕密 / 安德森著 . -- 初版 . -- 臺中市：
晨星出版有限公司，2021.03
面；　公分 . -- （知的！；183）

ISBN 978-986-5582-06-7（平裝）

1. 飛機 2. 機場規劃 3. 經營管理

557.9　　　　　　　　　　　　　　　　　110000920

知
的
！
183

機場總監告訴你 50 個飛機知識
關於機場基建、飛行、商務、法規、營運的祕密

作者	安德森
編輯	吳雨書
校對	安德森、吳雨書
美術編輯	陳柔含
封面設計	陳語萱
創辦人	陳銘民
發行所	晨星出版有限公司
	台中市 407 工業區 30 路 1 號
	TEL:(04)23595820　FAX:(04)23550581
	E-mail:service@morningstar.com.tw
	http://www.morningstar.com.tw
	行政院新聞局局版台業字第 2500 號
法律顧問	陳思成律師
初版日期	2021 年 3 月 15 日
再版日期	2024 年 1 月 30 日（2 刷）
讀者服務	TEL：02-23672044 / 04-23595819#212
	FAX：02-23635741 / 04-23595493
	E-mail：service@morningstar.com.tw
網路書店	http://www.morningstar.com.tw
郵政劃撥	15060393（知己圖書股份有限公司）
印刷	上好印刷股份有限公司

定價：320 元

（缺頁或破損的書，請寄回更換）

ISBN 978-986-5582-06-7

Published by Morning Star Publishing Inc.
Printed in Taiwan

填線上回函，並成爲晨星網路書店會員，
即送「晨星網路書店Ecoupon優惠券」一張，
同時享有購書優惠。